Tá mé ag fás

Ainmhithe Feirme

Clár

Scríofa agus curtha in eagar ag Lisa Magloff
Deartha ag Leah Germann, Anthony Limerick,
Laura Roberts, Tory Gordon-Harris
Dearthóir DTP Almudena Diaz
Taighdeoir Pictiúr Liz Moore
Léiriúchán Emma Hughes
Dearadh Clúdaigh Hedi Gutt
Bainisteoir Poiblíochta Sue Leonard
Eagarthóir Ealaíne Clare Shedden
Leagan Gaeilge Máire Ní Chualáin

Foilsithe den chéad uair sa Bhreatain Mhór in 2005 ag
Dorling Kindersley Limited,
80 Strand, Londain WC2R ORL

ISBN: 978-1-906907-36-5

Ba mhaith le Futa Fata buíochas a ghabháil le COGG,
An Chomhairle um Oideachas Gaeltachta agus Gaelscolaíochta,
a thacaigh le foilsiú an leabhair seo.

An Chomhairle um Oideachas
Gaeltachta & Gaelscolaíochta

4–5
Is sicín mise

6–7
Ag fás is mo choileach

8–9
Uan beag

10–11
Tá mé dhá mhí d'aois

12-13
Anois a rugadh ceithre
bhanbh bheaga

14-15
Tá sé in am dul amach

16-17
An lao beag donn

18-19
Sa pháirc ghlas

20-21
Rothaí an tsaoil

22-23
Ainmhithe feirme ar
fud an domhain

24
Foclóirín

Is sicín mise

Tháinig mé amach as ubh a rug mo mháthair. Rinne mé mo bhealach amach as an mblaosc le mo ghob. Bhí sé an-deacair le déanamh.

Fanann an sicín san ubh ar feadh 21 lá sula dtagann sé amach.

Cnag

Cnag

Cnag

Ag piocadh

Itheann sicíní síolta, grán, agus feithidí. Bíonn siad ag piocadh leis an ngob crua atá orthu.

tsíp tsíp tsíp

Saor sa deireadh!

Fáisc agus brú

Te teolaí

Coinníonn an chearc an sicín te teolaí go mbíonn a chuid cleití tirim.

Ag fás i mo choileach

Tá mo chuid cleití ag athrú. Nuair a bhím coicís d'aois, tosaíonn mo chuid cleití cearta agus mo chírín ag fás. Is gearr go mbeidh mé i mo choileach mór.

Ocht lá d'aois

Coicís d'aois

Mí d'aois

Athrú ar na cleití
Bíonn cleití cearta an tsicín láidir agus ní ligeann siad isteach uisce.

Coc-a-dú dal-dú

Dhá mhí d'aois

An Coileach
Dúisíonn an coileach
gach duine ar maidin
nuair a thosaíonn
sé ag glaoch.

7

Uan óg

Beirtear mé féin agus mo dheartháir san earrach. Coinníonn mamaí te teolaí sinn go dtí go mbíonn ár n-olann tirim. Bímid réidh le seasamh tar éis cúpla nóiméad.

Cúnamh ó mhamaí

Glanann an mháthair na huain. Ansin tugann sí cúnamh dóibh seasamh. Brúnn sí go deas réidh lena srón iad.

Táimid te

An chéad deoch

Is ina seasamh a bhíonn uain ag ól bainne óna máthair. Ólann siad bainne a máthar dhá uair sa lá, ar feadh ceithre mhí, go dtí go mbíonn siad mór go leor le féar a ithe.

teolaí sa tuí seo.

ꤏ Tá mé dhá mhí d'aois

Tá mé mór go leor le dul amach ag ithe féar milis. Fanaim gar do mhamaí agus tosaím ag méileach má bhíonn aon rud ag cur as dom. Coinníonn m'olann deas te mé.

Bíonn caoirigh ag cogaint le barr a mbéil.

Bíonn dhá mhéar ar chrúba na gcaorach.

Cóta olla

Fásann cóta mór olla ar an gcaora gach geimhreadh. Bearrtar an olann seo san earrach agus déantar snáth di.

Tá mé i mo chónaí i bpáirc mhór le mo chairde agus mo mhuintir.

Sa pháirc

Caitheann caoirigh an chuid is mó den lá amuigh sa pháirc ag tóraíocht féar milis.

Anois a rugadh ceithre bhanbh bheaga

Beirtear sinn i scioból teolaí. Bímid réidh le tosú ag ithe ar an bpointe boise agus le bheith ag imeacht linn. Ach fanaimid gar do mhamaí freisin.

Banbh nuabheirthe
Seo é an chéad bhanbh a rugadh. Ligh mamaí é go dtí go raibh sé glan. Tá a shúile oscailte agus is gearr go mbeidh sé in ann seasamh.

Tá neart áite ann do gach duine!

Tá sé in am dul amach

Táimid mí d'aois agus is breá linn a bheith taobh amuigh. Bímid ag tochailt san fhéar ag cuardach bia. Is maith é an folcadán puitigh!

Tosaíonn na bainbh ag siana má theastaíonn cúnamh óna mamaí uathu.

Bíonn muca ag rómhar lena soc chun rútaí a bhaint agus a ithe.

Níl aon tinteán mar do thinteán féin!
Bíonn a dteach beag féin ag gach teaghlach.
Téann siad isteach sa chró seo san oíche, agus bíonn siad te teolaí.

Is breá liom a bheith ag smúrthacht sa phuiteach ag lorg bia blasta.

An lao beag donn

Glanann mo mháthair lena
teanga mé nuair a bheirtear mé.
Bíonn orm seasamh le bia a fháil
Tugann mamaí an-aire dom.

Tugann mamaí cúnamh dom.

Am bricfeasta

Is é bainne a mháthar a ólann an lao an chéad sé seachtaine dá shaol. Coinníonn sé gar do mhamaí.

Tá mé lag...

Díríonn an lao cos amháin agus ansin cos eile.

I mo sheasamh sa deireadh!

Ag éirí

Is iad na cosa deiridh a dhíríonn an lao ar dtús. Ní thógann sé i bhfad air seasamh.

Sa pháirc ghlas

Tá mé trí mhí d'aois agus bím leis na beithígh eile i rith an lae. Cónaímid i bpáirc mhór atá lán le féar agus bláthanna.

Seo mise...

agus mo dhlúthchara.

Tá beithígh an-chairdiúil, agus is maith leo a bheith lena dtréad.

Ag cogaint na círe

Tá ceithre chuid i mbolg na bó. Is féidir leo an bia a chaitheamh aníos agus é a chogaint den dara huair.

Is féidir le beithígh féar láidir agus plandaí a ithe. Cognaíonn siad a gcuid beatha arís agus arís eile.

Is breá liom a bheith ag cogaint féir ar feadh an lae, neam neam...

19

Casann rothaí
an tsaoil

... Sicín ina chearc

Tá a fhios
agat anois conas
a d'fhásamar ...

... lao ina bhó

... uan ina chaora

... banbh ina mhuc

Slán leat!

21

Ainmhithe Feirme ar fud an domhain

Beireann an sicín Wyandotte ó Mheiriceá uibheacha donna.

Cónaíonn an mhuc bhreac Gloucester i Sasana agus is breá léi úlla agus dearcáin.

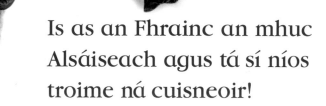

Is as an Fhrainc an mhuc Alsáiseach agus tá sí níos troime ná cuisneoir!

Cónaíonn an chaora fhadadharcach Mhanannach ar Oileán Mhanann agus tá adharca an-fhada uirthi.

Bíonn gach saghas cuma ar ainmhithe feirme ar fud an domhain.

Tá olann fhada ghliobach ar an reithe Wensleydale.

Cónaíonn an tarbh Brámain sna tíortha teo.

síp síp

IS as Albain domsa

Tá fionnadh fada ar an Abardeen Angus lena cosaint ón bhfuacht.

An raibh a fhios agat?

🐦 Tá níos mó sicíní ná daoine ar an domhan.

🐖 Tá níos mó muca sa tSín ná in aon áit eile ar domhan.

🐑 Is fearr le caoirigh siúl suas ná síos an cnoc.

🐄 Déanann an bhó oiread aoiligh gach bliain agus a líonfadh do theach!

Foclóirín

Gob
An píosa crua,
gobach thart ar an
mbéal a mbíonn éin
ag piocadh leis.

Soc
An t-ainm atá ar an
tsrón fhada a bhíonn
ar ainmhithe, cosúil
le muca.

Cleite
Clúdach bog,
éadrom ar éan a
choinníonn te é.

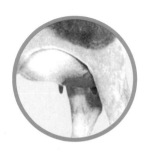

Úth
An chuid den bhó
ar a bhfuil na siní
agus a thálann
bainne.

Ubh
Fásann éin
in ubh go
mbeirtear iad.

Crúb
An chuid chrua den
chos a bhíonn ar
ainmhithe, cosúil le
muca agus capaill.

Creidiúintí
Ba mhaith leis an bhfoilsitheoir buíochas a ghlacadh leo
seo a leanas faoina gcaoinchead a gcuid grianghraf a
fhoilsiú: (Eochair u-uachtar, í-íochtar, c-clé, d-deis,
cú-cúlra, l-lár).

Alamy/Juniors Bildarchiv: 2-3, /David Noton Photography:
11í, Archivberlin Totoagentur GmbH/Bildagentur
Geduldig:14, 21 muc uc, / Minden Mas: 22-23í;
Corbis/Najlah Feanny-Hicks: 10ud, /Ted Spiegel: 12-13,
/Papilio/Steve Austin: 15u, /Robert Dowlling 22uc, /David

Katzenstein: 23ud; Country Life Picture Library/Joe
Cornish: 16uc; Ecoscene/Angela Hampton: 8d, 9u, í, 21 uan
íc; Eye Ubiquitous/Hutchison: 8c; Getty Images/Image
Bank/Cesar Lucas: 1, /Taxi/VCL: 4-5, /David Noton: 18c,
20 bó ud, /Stone/Tony Page: 7 cú, /Peter Cade: 15u, 18-19l,
/Rogha an Ghrianghrafadóra/Mike Hill: 7ud, /Lester
Lefkowitz: 19d; Jeff Moore courtesy Wood & Sons of
Hawkhurst: 10 íd; Gach pictiúr eile c Dorling Kindersley
Media Library.

Tuilleadh eolais: www.dkimages.com